LETTRE

SUR

LA BIBLIOTHÈQUE

DE SAINT-ÉTIENNE,

AU GÉRANT-PRORIÉTAIRE DU MERCURE SÉGUSIEN,

PAR M. JULES JANIN.

SAINT-ÉTIENNE,
CHEZ N.-S. JANIN, IMPRIMEUR-LIBRAIRE, RUE DE FOY,
Juillet 1843.

SAINT-ÉTIENNE, IMP. DU COMMMERCE. N.-S. JANIN.

A MON FRÈRE SÉBASTIEN JANIN.

———

Tu as bien fait et je t'en remercie, mon ami, d'écrire mon nom à côté du tien sur la liste des fondateurs de notre bibliothèque. Seulement, ce n'est pas pour cinquante volumes, c'est pour cinq cents volumes qu'il faut m'inscrire, et soyez sûrs que je ferai de mon mieux pour que cette faible offrande d'un homme qui aime les lettres avec la passion la plus sincère et la plus dévouée, soit digne de sa destination. Une bibliothèque publique à Saint-Etienne nous eût rendus si heureux quand nous n'avions que quinze ans! En ce temps-là, les livres étaient rares dans notre ville, et partout ils étaient chers. La librairie parisienne n'avait pas encore inventé ce facile format in-18, aux feuillets bien remplis, qui représentent en peu de tomes, tant de grands ouvrages. Elle n'avait pas trouvé cette heureuse combinaison des livraisons à 25 centimes, qui permet aux plus pauvres écoliers, comme nous l'étions, de faire, peu à peu, avec le prix de leur goûter, des acquisitions importantes. Le peu de livres qui s'annonçaient alors, c'étaient les œuvres de Voltaire, les œuvres de J.-J. Rousseau et autres paradoxes dangereux ou tout au moins inutiles ; la librairie n'avait que cela à nous offrir, au prix fabuleux de 7 francs 50 centimes le volume, sans compter le port. Mais les vieilles histoires, mais les vieux poèmes, mais les chroniques naïves, tous les merveilleux témoignages du temps passé, mais les langues anciennes représentées par leurs chefs-d'œuvre et les intrépides commentateurs qui ont jeté de si vives clartés sur les grands poètes de la Grèce et de Rome ; mais les travaux inestimables de tant de savants orientalistes qui nous révélaient des poésies inconnues dignes des plus beaux temps homériques, la *Sacountala* par exemple ; mais les leçons de tant de savants maîtres de notre jeunesse, qui essayaient à peine leurs forces naissantes : M. Villemain, M. Guizot, M. Augustin Thierry, et le patient Monteil, et le passionné Michelet, tout l'enseignement du collège de France, de la Sorbonne et de l'Académie des Sciences ; mais tant de publications précieuses qui font la joie de notre âge mûr, ces dictionnaires auxquels a travaillé toute l'Europe savante, ces recueils, ces notices, ces collections, ces bibliothèques complètes qui renferment dans leur ensemble toute la littérature romaine, depuis ses premières tentatives jusqu'aux derniers efforts littéraires de Rome expirante ; mais les splendides inspirations de l'Eglise naissante à l'Orient, à l'Occident, par tout le monde, et quoi encore ? les miracles de la *Renaissance,* toute l'antiquité réveillée dans cet amas de cendre et de poussière qu'avait soulevé le pied d'Attila, *le fléau de Dieu et des villes antiques;* mais les charmants et rares efforts du dix-septième siècle illustré, chanté, dominé par tant de beaux esprits, l'honneur du génie français, l'espoir de la langue à venir ; mais, en un mot, tout ce qui compose l'étude de l'histoire, de la poésie, l'étude des beaux-arts, tous ces éléments presque divins de l'art et du goût, nous manquaient à l'instant même où notre esprit jeune et docile, eût mis à profit, et avec tant de joie, tant de chefs-d'œuvre. De la philosophie, pas un mot. Aristote nous apparaissait à travers les vieux nuages de la scholastique; qui disait Platon, disait comme un rêveur dont les œuvres étaient perdues dans l'océan des âges. A peine si nous avions entre les mains cet admirable instrument plein de bon sens qu'on appelle *la Logique de Condillac* et dont M. la Romiguière, notre maître vénéré, a tiré un si admirable parti. Ainsi, nous autres, les enfants de 1804, même les plus zélés et les plus avides de toute science, dans cette disette de bons livres, nous nous doutions à peine des divines ressources que peuvent offrir aux jeunes esprits tant de beaux ouvrages auxquels ont droit également tous les enfants des hommes. Légitime conséquence du droit de vivre, de regarder le soleil, de voir pousser l'herbe dans les champs, de suivre d'un regard charmé l'eau du fleuve qui brille au loin, d'entendre chanter le rossignol dans les bois.

Des livres ! et des maîtres ! telle est la première passion du jeune homme qui veut apprendre et savoir : des livres d'abord, et ensuite des maîtres. Après Dieu, le livre est le plus grand des professeurs. Il parle de très-haut à l'imagination et à l'esprit. Sa voix est imposante, de toute la majesté que donnent les siècles; son enseignement porte en lui-même je ne sais quelle force toute-puissante que n'a pas le professeur dans sa chaire. Le professeur, vous le voyez, vous le touchez; c'est un homme comme tous les hommes; sous la robe noire du professeur, avec un peu de malice *(cet âge est sans pitié)*, l'écolier peut retrouver toutes les petites passions de l'homme ; mais le livre écrit par quelques-uns de ces maîtres devant qui s'inclinent les générations qui passent, porte vraiment en lui-même quelque chose de surnaturel. L'homme qui a écrit ces belles pages est mort depuis longtemps, son esprit seul est resté. Il a emporté avec lui dans la tombe toutes les faiblesses de l'humanité, mais la belle partie de son âme, sa science, ses études, ses découvertes, son expérience, tout le résultat de sa vie, enfin, il l'a laissé dans ces pages qui ne peuvent plus mourir. Donc, faisons en sorte que cette lumière des belles-lettres et des sciences, entretenue à si grands frais, ne reste pas sous le boisseau; faisons en sorte que la petite main de l'enfant ait la liberté de puiser sans fin et sans cesse à ces sources vivantes de la pensée et du génie. Protecteurs de la cité stéphanoise, magistrats sortis de l'élection populaire, vous avez toutes sortes de protection et de bontés paternelles pour la ville qui vous est confiée; vous creusez des égoûts, vous plantez des arbres, au pied de ces arbres naissants vous placez des bancs pour les heures du repos; vous amenez l'eau dans les fontaines; vous décuplez au profit de tous le torrent salutaire, notre fleuve unique, le plus intrépide travailleur de cette cité laborieuse entre toutes les villes du monde; votre zèle embrasse tous les détails : eh bien ! par pitié pour l'avenir, n'oubliez pas cette nourriture des esprits et des âmes, les livres, les chefs-d'œuvre d'autrefois, les philosophes qui consolent, les poètes qui sont la joie de la vie, les historiens qui nous font nous souvenir, les chrétiens qui nous font espérer. Grâce à tant de zèle, la ville s'agrandit chaque jour, chaque jour de nouveaux travailleurs accourent pour prendre leur part dans cette grande mêlée de la sueur et du travail ; eh bien ! voici de nouveaux citoyens qu'on vous signale, de nouveaux amis qu'il faut appeler à notre aide, les plus grands, les plus utiles, les plus aimables habitants que puisse renfermer une grande cité : Homère et la suite de ses enfants légitimes, Eschyle, Sophocle, Euripide, Démosthène qui n'a pu être vaincu que par Bossuet; Pindare, moins grand poète que M. de Lamartine, et vous aussi les chefs de la parole et de l'éloquence : Cicéron, Virgile, Horace, et vous Hérodote, et Tite-Live, et Xénophon le soldat, qui écrit avec l'épée comme fit Jules César, et Tacite qui vous dira comment la tyrannie peut couvrir d'une honte éternelle, non-seulement les tyrans, mais encore les esclaves ! Voilà les citoyens qu'il faut appeler dans nos murs, et avec eux tous les chefs de l'Eglise militante et triomphante : saint Jean-Chrysostôme, saint Bazile, saint Augustin et saint Grégoire de Nazianze, tous les maîtres, tous les disciples. Ceux-là ont tout sauvé dans le monde barbare; ils ont apaisé la chute de Constantinople, le dernier boulevard de la grandeur romaine, ils ont préparé la venue des Médicis et le triomphe de l'Italie moderne ressuscitée à la voix de Dante et se précipitant dans les enseignements chrétiens et poétiques de la *Divine Comédie !* Voilà les hommes qui vous demandent droit de cité. Allez au-devant de ces illustres génies, allez les recevoir à la porte de la ville; que le canon gronde au loin en signe de joie ; que les cloches de l'église remplissent les airs de leurs plus triomphantes mélodies, car dans la foule de ces nouveaux venus et guidés par le roi Louis XIV, n'avez-vous pas reconnu à leur air inspiré, à la modeste assurance de leur démarche, aux bénédictions des peuples prosternés à leurs pieds, Bossuet et Pascal, Fénélon et Massillon, l'abbé Fleury et Bourdaloue, tous les maîtres de l'art chrétien? Encore une fois, ouvrez vos portes à cette phalange immortelle! Trouvez-leur dans votre ville un palais digne de les recevoir ; entourez ce palais de vieux ombrages, de silence, de respect! Quelle belle foule! Saluez! Voici Montaigne! voici le Dante! voici Montesquieu! voici le vieux Corneille! voici Racine, et Boileau, et Molière, leur maître à tous, et Mme de Sévigné qui passe en souriant. Nobles hôtes! nation illustre! génies qui nous venez en aide, soyez les bien-venus! Vous êtes les maîtres de l'enfance, vous êtes les conseils de l'âge mûr ; le vieillard, quand vous lui êtes en aide, ô génies protecteurs, trouve que la vieillesse est moins longue et moins chargée d'ennuis et de misères. Oui, vous êtes l'espérance, vous êtes le souvenir, vous êtes la joie, vous êtes l'espérance et la force. — Courage, disait un philosophe grec après un naufrage, voilà des pas d'hommes! Ces pas d'hommes, c'étaient des figures de géométrie tracées sur le sable du rivage. Et nous aussi, nous dirons maintenant : — Courage! des hommes sont entrés dans nos murs!

Je me rappelle encore, parmi les grands bonheurs de ma première jeunesse, un certain vieillard honnête et bon, quoiqu'un peu renfrogné [a], qui, par un hasard tout providentiel, vendait de vieux livres dans une sombre boutique de la maison de Mme Gagnière, non loin du tribunal [d]. Ce vieillard avait entassé dans ces catacombes savantes, les plus abominables bouquins qui aient jamais été exposés aux intempéries des saisons. Rien qu'à sentir de loin cette odeur nauséabonde de cuir pourri, de papier moisi, rien qu'à ouvrir ces pages où *les vers couraient à travers la prose* (comme disait notre bon, notre cher père, avec ce charmant sourire qui lui allait si bien), il y avait véritablement de quoi rester dégoûté de la science pour le reste de ses jours. Même à cette heure, il me semble que je vois encore cet amas

---

[a] M. Celse.

[d] L'ancien tribunal, cour des Ursules. — C'est dans la maison Gagnière qu'est né M. Jules Janin. (*Notes de l'éditeur.*)

informe de commentateurs, de théologiens, de sermonaires. Bien plus, il me souvient qu'un jour où je faisais mon butin, une énorme pile de ces livres poudreux tomba sur moi, et peu s'en fallut que je ne restasse enseveli sous cette masse, à la grande peine du digne bouquiniste qui, malgré lui, avait fini par me prendre en amitié et par me laisser fureter et grimper dans sa boutique, comme un jeune chat que j'étais alors. — Dans ce trou étaient contenus tous les livres de la ville. Ce n'était pas une bibliothèque, c'était une mare dans laquelle, nous autres ignorants de toutes choses, nous pêchions à la ligne, pour ainsi dire, les quelques livres que nous pouvions lire et comprendre. Que n'aurions-nous pas donné alors pour avoir le conseil de quelque bienveillant et savant bibliothécaire! Que de peines il nous eût épargnées! Que de tâtonnements! quelle confusion dans notre pauvre cerveau! — Ou seulement, si cet amas avait été mis en ordre, si nous avions été sûrs de trouver le second tome quand le premier avait été lu! — Et enfin si, au lieu de nous les vendre, l'on nous eût prêté ces livres pour un : *grand merci!* rien qu'à penser à la joie que j'en eusse ressentie, à vingt-cinq ans de distance déjà, mon cœur bat comme si je n'avais que quinze ans! Voilà pourquoi je vous approuve et je vous loue, et pourquoi je veux être des vôtres, vous tous qui tentez d'accomplir ce grand rêve que je n'avais pas rêvé dans ma première et studieuse jeunesse! En ce temps-là, mon rêve, c'était de trouver quelque chef-d'œuvre chez notre bouquiniste de Saint-Etienne, mon rêve c'était d'aller à Lyon (en un jour, de six heures du matin à six heures du soir) et d'en revenir le lendemain tout chargé de livres choisis aux abords du pont Morand. Mon rêve aussi, quand nous étions sur les bords du Rhône, au printemps, c'était de courir après le colporteur et de changer contre des livres, même mon chapeau et ma veste! — Donc, sous le rapport économique, nos bonnes mères de famille stéphanoises, affligées de ces dévoreurs de poèmes et d'histoires, seront tranquillisées par l'établissement d'une bibliothèque publique; car, à présent que j'y pense, te rappelles-tu les aimables désespoirs de notre mère quand elle me voyait revenir à la maison tout chargé de mon butin, et comme, après avoir doucement grondé, elle finissait toujours par me donner tout son pauvre argent? — Jules, me disait-elle, tu me ruines! Tu porteras des sabots tout l'été, et à Pâques tu n'auras pas l'habit neuf que je t'ai promis! Ainsi elle disait, mais cependant j'avais mon habit neuf, j'avais mes livres, j'avais tout; et elle faisait tout cela en se privant d'une robe qu'elle eût si bien portée! Pauvre femme adorée! et faut-il qu'elle n'ait pas vécu assez longtemps pour bénir toute sa famille et sa nouvelle belle-fille si digne d'elle, dont elle eût été si fière et qui l'eût entourée de tant d'amitié et de respect!

Puis enfin (et ceci soit dit pour vous prouver que même dans le bruit et dans la fumée de notre ville natale, les beaux endroits ne manquent pas, favorables à la méditation et à l'étude), quand j'avais trouvé quelque belle chose à étudier, quelque chef-d'œuvre inconnu : les fantaisies d'Apulée, les satyres de Juvénal, Horace toujours, les comédies de Térence, les lettres d'Héloïse, non pas l'Héloïse mignarde et emphatique de Rousseau, mais l'éloquente et savante Héloïse d'Abeilard le docteur; quand des *Vies des Hommes illustres*, je passais, toujours par le hasard de ce capharnaum du bouquiniste, dans quelques-unes de ces facéties latines que je lisais assez couramment, grâce aux *Colloques d'Erasme* qui m'avaient familiarisé avec cette fine pointe de l'esprit français; le *Facetiæ facetiarum*, par exemple (quel beau livre!) ou le *Democritus ridens;* non, je ne crois pas qu'il y eût au monde un enfant plus heureux que moi! Aussitôt je m'échappais de la ville, j'allais, tout droit devant moi, dans de beaux petits endroits que j'avais découverts, à Rochetaillée, — sur les hauteurs de Montaud, — à Terre-Noire, dans cet admirable vallon si calme, si reposé, au bord de cette eau limpide, — où M. de Gallois, cet homme de tant de génie et de si peu de patience, n'avait pas encore fondé ces terribles fourneaux qui ont couvert le paysage de fumée, qui ont fait du lac une eau bouillonnante; — surtout Valbenoîte aux doux ombrages m'accordait l'hospitalité de ses prairies. Et là, couché dans l'herbe, bercé par les mille bruits de la campagne, divines harmonies des heureux enfants, je lisais, j'étudiais, et de temps à autre je m'arrêtais dans ma lecture commencée pour remercier le bon Dieu qui a créé tant d'hommes de génie tout exprès pour leur faire écrire tant de beaux livres. Ainsi, par ma propre expérience, soyez sûrs que notre chère patrie toute noire sous sa fumée laborieuse, est des mieux disposées pour l'établissement et pour les heureux bénéfices d'une bibliothèque publique. Elle a tout ce qu'il faut pour que de beaux livres soient les bien-venus. Quoi de mieux et quelle inspiration plus puissante ? du bruit au-dedans, du calme au-dehors ; ici l'activité, plus loin le repos ; ici la fumée et la flamme, plus loin les eaux limpides et les frais ombrages; ville active, intelligente, puissante par les croyances, par l'action, par le travail, par les plus fortes et les plus modestes vertus. Mais cependant l'amour des belles choses, l'honnête passion des chefs-d'œuvre, le respect profond pour les travaux de l'intelligence, les joies intimes de la rêverie, la lecture des poètes, les mélancoliques contemplations du passé dont les historiens sont les dignes représentants, tous ces adorables plaisirs de l'esprit, si peu coûteux et si charmants, pas une réunion d'hommes en ce monde n'a le droit de les dédaigner. Renoncer à la poésie, parce qu'on est occupé de tous les rudes travaux de l'industrie; chasser les romanciers et les philosophes, parce qu'on est un peuple savant dans l'art de tisser la soie, de forger le fer, d'arracher leurs trésors aux entrailles de la terre, ce serait manquer de reconnaissance et de respect pour les plus rares et les plus chers bienfaits de celui qui a créé toutes les grandes idées et tous les grands poèmes. Le Spartiate coupait les cordes de la lyre, et il se croyait bien fort ; mais quel rôle terrible a joué Sparte, et que ce rôle a peu duré ; et combien préférez-vous à cette Lacédémone brutale, dont la vertu même vous attriste et vous fait peur, cette charmante ville d'Athènes, reine encore après trois mille années, tant est grande la toute-puissance du génie inspirateur !

Mais enfin, grâce au ciel ! l'œuvre est commencée. Les portes de notre Musée sont ouvertes; les livres arriveront bientôt. Prenez garde seulement que vous ne soyez exposés à servir de déversoir à tout le papier moisi de la province. Rappelez-vous l'histoire de mon vieux bouquiniste ; n'accordez pas à tout ce qui est le papier imprimé droit de bourgeoisie dans votre bibliothèque ; si vous voulez faire une fondation respectable, commencez par la respecter vous-même. Donc, si j'avais l'honneur d'être le bibliothécaire de la ville (M. de Latour est un noble jeune homme, il a entrepris là une belle tâche, une bonne œuvre; et puisse bientôt son dévouement être récompensé par le succès de l'entreprise commune!), je me montrerais fort sévère sur l'acceptation des livres qui me seraient envoyés. Je refuserais net et je laisserais se morfondre à la porte, les exemplaires incomplets, tachés, souillés, déchirés, vermoulus. Parce que votre salon est ouvert à qui veut entrer, ce n'est pas une raison pour que le premier gueux venu, tout taché et tout en haillons, ait le droit de venir s'asseoir sur vos fauteuils. Au contraire, ce serait vouloir chasser les gens de la meilleure compagnie. Il en est des livres comme des hommes ; trop parés, ils ne servent pas à grand'chose ; trop souillés, ils font horreur. Ni or, ni haillons, soyons nets. Je veux qu'un livre ait tout d'abord une bonne et honnête apparence, les guenilles ne conviennent à personne. Ne rebutons pas le lecteur par des dehors misérables, ne faisons pas d'une bibliothèque publique un dépôt de mendicité. Voilà pourquoi il faudra ne pas recevoir de toutes mains tous les livres qui vous seront envoyés. Tel qui n'oserait pas offrir cinquante centimes pour la bibliothèque de la ville, osera bien lui envoyer d'horribles feuillets tachés par la pluie, et dont le chiffonnier lui-même ne voudrait pas. Gardons-nous d'encourager par des remerciements non mérités ces aumônes honteuses. En résumé, j'aime mieux peu de livres en bon état, peu de livres qu'on lit avec soin, avec zèle, avec bonheur, les mains bien lavées, que beaucoup de livres qui offensent tout à la fois la vue et l'odorat, et que pas une main honnête ne voudrait toucher même avec des gants. Juste ciel ! le papier imprimé n'est pas assez rare aujourd'hui pour que nous passions, pour en avoir, par ces abominables conditions. En un mot, pour celui qui offre un livre à la ville de Saint-Etienne, faites que ce soit un honneur de voir son offrande acceptée. Belle et bonne compagnie avant tout ; elle sera nombreuse plus tard.

En tout cas, le plus difficile, c'est de commencer ; et ce qui est plus difficile, c'est de bien commencer. De tous les amoncèlements, le plus rapide, c'est celui des livres. Les grains de sable ne s'entassent pas plus nombreux. Une fois commencée, la bibliothèque ne s'arrête plus. Elle va grandissant chaque jour ; de même que le flot appelle le flot, le tome appelle le tome. Regardez la bibliothèque royale, cet amas incroyable de toutes les connaissances humaines, inestimable dépôt auquel on ne peut rien comparer, pas même la bibliothèque d'Alexandrie brûlée par le farouche lieutenant de Mahomet, la bibliothèque royale a commencé par deux cents beaux manuscrits que le roi

Charles-le-Sage s'étaient procurés à grands frais. Qui de nous, en moins de vingt ans, avec du soin, du zèle, de la persévérance, n'est pas venu à bout de s'entourer des plus excellents chefs-d'œuvre de l'esprit humain à toutes les époques savantes ? Seulement, ayez soin de vous entourer tout d'abord des meilleurs livres et des éditions les meilleures. J'ai lu votre article du 18 juin à propos de la *Bibliothèque de Saint-Etienne ;* vous vous préoccupez beaucoup trop, ce me semble, de la forme de votre catalogue ; ce catalogue se fera jour par jour, à chaque livre nouveau que vous admettrez dans votre Musée. Contentez-vous d'abord des divisions générales sans vous inquiéter des subdivisions. Ainsi, sous ce titre unique : *Théologie,* vous placerez non-seulement tout ce qui a rapport aux textes et explications de l'ancien et du nouveau Testament, mais encore tout ce qui est la philologie sacrée, la liturgie, les conciles, les SS. Pères, grecs, latins, arméniens; la théologie, dogme, morale, polémique, et toutes les religions diverses : juifs, gentils, chinois, mahométans, déistes, athées, puisqu'à la honte de la raison humaine, il y a des livres d'athéisme. Ainsi, sous ce titre : *Jurisprudence,* vous réunirez tout ce qui regarde le droit de la nature et des gens, le droit civil et criminel, le droit ecclésiastique, droit maritime, droit étranger, l'église gallicane enfin, ce grand chef-d'œuvre de l'évêque de Meaux. — La *Philosophie* contiendra la morale, l'économie, la politique, l'économie politique; finances, commerce, colonies, navigation intérieure. — Les *Mathématiques,* une science sur laquelle la bibliothèque de Saint-Etienne doit porter toutes ses forces, quand votre catalogue sera complet, ne contiendra pas moins de douze subdivisions : histoire des *mathématiques*, mathématiciens grecs et latins, dictionnaires, éléments, traités, *arithmétique, algèbre, géométrie, trigonométrie,* astronomie, marine, ponts et chaussées — de quoi occuper la vie d'un homme, — mais vous n'en êtes pas encore à élever tous ces petits compartiments au beau milieu de votre collection. — Après les *mathématiques,* les *beaux-arts* tiendront, je l'espère, une grande place parmi vos livres : dictionnaires, traités généraux, sciences des gravures, architecture, peinture, sculpture, musique, danse, natation, équitation, escrime, car nous avons même de gros livres sur *l'art du maître en fait d'armes.* — Comme aussi vous accorderez une vaste place à la physique, à la chimie, encore faudra-t-il que vous attendiez longtemps cette suite infinie de traités, d'histoires, de mélanges : agriculture, botanique, zoologie, collections, etc. — Quant à la médecine, je veux bien que vous ne teniez pas à posséder tout ce que MM. les médecins ont écrit depuis le commencement de leur science, mais encore vous faudra-t-il avoir des livres d'anatomie, de physiologie, d'hygiène, de médecine légale, de pharmacie, de médecine vétérinaire. — La classe des belles-lettres contient des numéros sans nombre. A elle seule, *la grammaire* renferme les dictionnaires et les grammaires dans toutes les langues, orientales, grecque, latine, française, italienne, espagnole, allemande ; — tous les patois, tous les dialectes et surtout l'admirable patois de notre province qui a produit ce grand poète du temps de Louis XIV, l'abbé Chapelon. — La rhétorique comprend les rhéteurs grecs, latins et français, — Quintilien et Rollin, par exemple. — Les orateurs, vous les nommez Isocrate et Mirabeau, — et tout ce que renferme un pareil cercle. — La poésie, c'est tout un monde, — c'est le rêve tout éveillé de l'univers ! *L'art dramatique,* cette folie furieuse ou riante, comprend les plus rares esprits de tous les temps, de tous les siècles, dans toutes les langues. — Le roman arrive ensuite, portant humblement la queue du manteau royal dont s'enveloppent les poètes. — La facétie, œuvre française ; la philologie qui se compose de toutes sortes de petits ouvrages, satyres, sentences, apophtegmes, proverbes, bons mots et même es *ana*, la mine inépuisable dans laquelle tant de beaux-esprits puisent incessamment. La classe des polygraphes, c'est-à-dire des œuvres qui échappent à toute classification, n'est guères moins nombreuse que celle des *épistolaires,* — ces écrivains de toutes sortes de sujets. — Arrive à son tour *l'histoire,* avec son cortége obligé de géographie (atlas, cartes, etc.), de voyages anciens et modernes, autour du monde et dans toutes ses parties ; de chronologie générale, particulière. L'histoire se divise en histoire *ancienne* et *moderne :* histoire des religions, de l'Eglise chrétienne ; histoire des Juifs, des Phéniciens, des Perses, des Babyloniens ; histoire de l'Europe moderne : France, Belgique, Italie, Suisse, Espagne, Portugal, Allemagne : de la maison d'Autriche ; Prusse, Grande-Bretagne, Pologne ; et l'Asie, et l'Afrique, et l'Amérique ; et les monuments antiques, et l'histoire littéraire, et enfin cette histoire à part de la *bibliographie*, qui renferme la connaissance approfondie de tous les produits de l'imprimerie, depuis la bible de Guttemberg, imprimée à Mayence en 1455, jusqu'aux ouvrages illustrés de 1843, savante et charmante histoire toute remplie de problèmes, de recherches, de découvertes, de miracles. Si vous la voulez étudier avec fruit, cette science heureuse, vous la trouverez éparse dans les écrits de l'abbé Saint-Léger, et de l'abbé Rive, et du père Laire, de MM. Van Praet, Chardon de la Rochette, Adry, Barbou, Renouard, de Bure à qui l'on doit l'admirable catalogue de la Valière, — dans le dictionnaire bibliographique de Cailliau, dans le dictionnaire de M. Barbier, dans la bibliothèque du père Lelong, dans le *Journal de la Librairie* de M. Beuchot, dans la *France littéraire* de Quérard, dans le catalogue excellent de M. Leber, et surtout dans le *Manuel du Libraire* de M. Brunet; voilà le livre qu'un bon bibliothécaire doit feuilleter la nuit et le jour, qu'il doit étudier, qu'il doit savoir par cœur; juge presque infaillible, guide fidèle; un livre que toutes les bibliothèques de l'Europe, grandes ou petites, publiques ou privées, pourraient appeler à bon droit : *le Livre d'Or*.

Mais encore une fois, il n'est pas temps de s'inquiéter si fort de cataloguer des livres absents. Tout le travail de l'heure présente, c'est de réunir quelques bons livres d'une bonne édition, c'est d'établir, dans votre hôtel de ville, non pas un futile cabinet de lecture à l'usage des oisifs et des frivoles lecteurs de revues, de journaux et de livres nouveaux, mais un centre calme et prudent de toutes les graves études. Avec les bons livres arriveront les bons lecteurs. le temps fera le reste. Nous vivons dans une époque bienveillante qui sait encourager tous les nobles efforts, qui sait comprendre tous les dévouements et tous les sacrifices. Pour peu que nous nous aidions nous-mêmes, nous sommes sûrs d'être aidés. Demandons, et l'on nous donnera. Mais c'est surtout en fait de livres que l'on peut dire : on ne donne qu'à ceux qui ont. Ayons-en quelques-uns d'abord, nous en aurons beaucoup ensuite. M. le ministre de l'intérieur, qui est la bienveillance en personne, peut vous donner beaucoup de livres. Le roi lui-même, qui sait donner à propos, ne vous refuserait pas les collections dont il dispose : le *Musée de Versailles*, par exemple, un beau livre, de création toute royale. M. Villemain, quand on sait s'y prendre (il a tant d'esprit et tant de cœur!), a toujours le moyen de vous accorder quelques-unes de ces grandes collections dont il dispose. A leur tour, les particuliers, voyant le gouvernement en si bonnes dispositions, enverront de tous côtés, non pas le vil rebut de leurs collections, mais leurs plus beaux ouvrages, et qui sait? il peut se faire qu'un jour, à sa mort, quelque enfant de cette ville bien-aimée tiendra à honneur de lui laisser le résultat d'une vie tout entière passée à chercher des livres, à les parer avec luxe, à les lire avec amour! Et quelle plus digne façon de témoigner sa reconnaissance? Et quel legs porterait de plus nobles fruits dans l'avenir?

Pour ma part, je suis dévoué à l'accomplissement de cette bonne œuvre, et je vous prie, si vous avez besoin d'un bibliothécaire-adjoint, de quelque bon serviteur fidèle et zélé, pensez à moi!

Je te serre la main de tout mon cœur.

Ton frère, J. JANIN.

P. S. Je tiens à la disposition de la bibliothèque les ouvrages suivants :

1° *Collectio Pisaurensis*, collection complète de toute la poésie latine depuis Ennius jusqu'au sixième siècle de l'ère chrétienne, 6 tomes in-4°, reliés en parchemin.

Plinii Epistolæ, in-4°, relié aux armes du roi Louis XIV.

Sénèque, in-4°, relié.

Essais de Montaigne, grand in-8. Lefèbvre.

Table des Multiplications, in-4°.

Condillac, grand in-8°, 13 vol., maroquin rouge.

Et (puisque vous y tenez) les 36 premiers tomes de la *Revue des Deux-Mondes;* Journal des voyages, demi-reliure.

Voyage en Italie, 2 tomes in-12.

Histoire naturelle de Buffon, 38 vol. reliés, avec les gravures coloriées.

Dictionnaire de la Conversation, 52 vol. brochés.

www.ingramcontent.com/pod-product-compliance
Lightning Source LLC
Chambersburg PA
CBHW070543050426
42451CB00013B/3159